맛있는 요리책 Cook&Cook 시리즈 Vol.1

"두부로
만드는
반찬&요리"

맛있는 요리책 Cook&Cook 시리즈 Vol.1

"두부로 만드는 반찬&요리"

초판 발행 2015년 05월 20일

발행인 김진용 / 발행처 (주)지원출판

편집 이슬비 / 제작책임 윤미경 / 마케팅 책임 이홍연

콘텐츠 제공 29MEDIA

도서, 마케팅 문의 전화 031-941-4474 / 팩스 0303-0942-4474

주소 경기도 파주시 탄현면 웅지로 110번길 71 / 등록번호 406-2008-000040호

홈페이지 www.jiwonbook.com

CONTENTS

두부는 소박하고 겸손한 식품

끓여서도 먹고, 튀겨서도 먹고, 조림이나 부침을 해도 맛있고, 고기나 생선·야채·김치 등 어떤 음식과도 맛이 잘 어울리는 소박하고 겸손한 식품

영양사들이 식단을 작성할 때 빼놓지 않고 꼭 넣는 음식이 두부다. 그만큼 두부는 영양이 뛰어나고 건강에 좋으며, 저렴한 비용으로 구입할 수 있는 양질의 단백질 식품이다. 제조 과정 중에서 콩에 함유되어 있는 섬유질과 수용성 탄수화물을 제거시킨 두부는 매우 부드럽고 소화가 잘 된다. 두부의 소화력은 95%인데 볶거나 삶은 콩은 68% 정도이다. 또한 두부 216g에는 147kcal밖에 열량이 없는 반면 같은 양의 달걀에는 3배, 쇠고기에는 4~5배의 칼로리가 들어 있어 칼로리 과다로 비만증에 걸린 사람에게는 더없이 좋은 식품이 된다.

콩은 칼슘 함량이 낮지만 두부는 제조 과정을 통해 칼슘이 첨가되기 때문에 식물성 식품 중 유일하게 칼슘의 함량이 높다. 한국인에게 가장 결핍되기 쉬운 영양소 중 하나가 칼슘인데, 칼슘은 우유 및 유제품 등 제한된 종류의 식품에만 존재하므로 우유 섭취량이 적은 한국인에게 두부는 칼슘 섭취에 아주 효과적인 식품이라 할 수 있다. 두부 반 모(200g)에 들어 있는 칼슘(252mg)은 우유 한 컵에 들어 있는 칼슘(224mg)의 양보다 오히려 많다.

어떤 사람에게는 좋은 음식이 어떤 사람에게는 해로울 수도 있다. 또 특정 질병이 있는 사람은 먹어서는 안 되는 음식도 있다. 하지만 두부는 어른이나 아이, 건강한 사람이나 병이 있는 사람이나, 남자나 여자나 누구나 먹어도 좋은 온 국민의 건강 식품이다.

음식에도 궁합이 있다는 것은 많이 알려진 상식이다. 맛과 영양 면에서 함께 먹으면 좋은 식품이 있다는 뜻이다. 두부는 특히 다양한 조리법으로 여러 가지 요리의 재료로 사용되므로 다른 식품의 성분과 상호 보완하여 영양면에서 상승효과를 가져온다. 육류나 달걀을 대신해 질 좋은 단백질을 효과적으로 보충해 줄 수 있는 식품이 바로 두부다. 두부를 많이 먹으면 동물성 식품을 먹을 때 함께 섭취할 수밖에 없는 포화지방산이나 콜레스테롤의 피해를 막을 수 있다. 특히 밥과 두부를 같이 먹게 되면 쌀에 부족한 필수 아미노산인 리신을 보충해 주므로 육류 못지않은 양질의 단백질을 섭취하는 효과를 가져온다. 두부 100g과 쌀밥 한 공기를 같이 먹게 되면, 같은 양의 두부와 밥을 따로따로 먹었을 때보다 약 32%의 단백질을 더 많이 섭취한 효과를 간접적으로 얻을 수 있다.

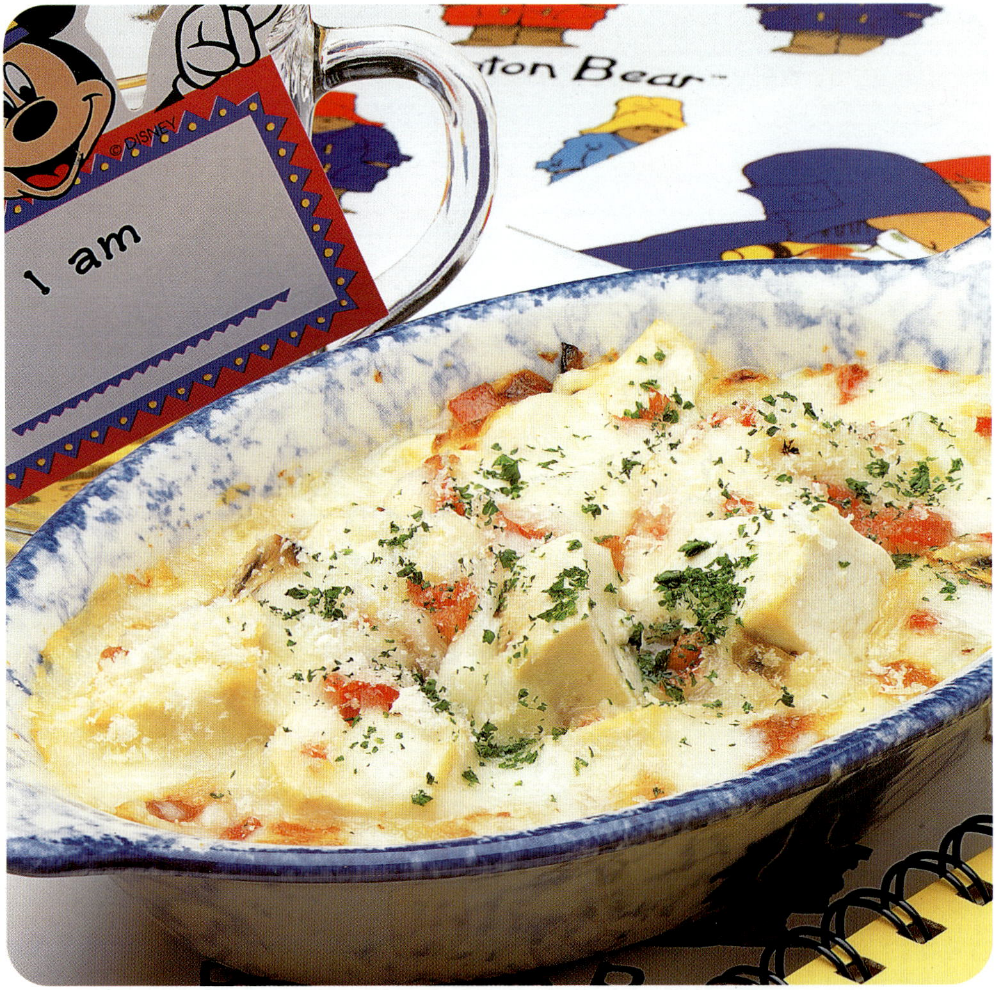
© DISNEY
I am

두부그라탱
_ 4인분

재료와 분량
두부 1/2모
베이컨 2장
양파 1/4개
양송이 2개
다진 파슬리 · 다진 피자치즈 ·
빵가루 약간씩

베샤멜소스
버터 1½큰술
밀가루 1½큰술
육수 1컵
우유 1/2컵
월계수잎 1장
소금 · 흰후춧가루 약간씩

이렇게 만들어요

1 두부는 네모지게 썬다.

2 베이컨은 팬에 지져 굵직하게 다진다.

3 양파는 잘게 썰어 볶고, 양송이는 8등분해서 볶아낸다.

4 냄비에 버터를 두르고 밀가루를 넣어 볶은 다음 육수를 붓고 풀어가며 끓이다가 우유, 월계수잎을 넣고 걸쭉하게 끓인다. 소금과 후춧가루로 간을 해 베샤멜소스를 완성한다.

5 그라탱 그릇에 버터를 바르고 ①, ②, ③을 담고 소스를 얹는다.

6 빵가루와 다진 치즈를 뿌려 180℃~200℃의 오븐에 넣고 15분 정도 굽는다.

7 윗부분이 노르스름하게 구워지면 꺼낸 다음 다진 파슬리를 뿌려낸다.

Cooking Tip
성장기 아이의 영양 간식으로 더 없이 좋은 메뉴. 우유와 토마토를 곁들이면 한 끼 식사로도 부족함이 없다.

두부크로켓
_ 4인분

재료와 분량

두부 1모
다진 쇠고기 100g
밥 1/2공기
피망 1/2개
양파 1/2개
소금 · 후춧가루 약간씩
달걀 2개
밀가루 1/3컵
빵가루 2컵
샐러드유 적당량

이렇게 만들어요

1 두부는 칼등으로 으깨서 물기를 꼭 짠다.

2 쇠고기는 소금과 후춧가루를 넣어서 밑간을 한 후 프라이팬에 기름을 두르고 볶아낸다.

3 피망과 양파는 다져서 준비한다.

4 볼에 두부와 밥, 쇠고기를 넣고 ③을 넣어서 고루 섞는다. 여기에 소금과 후춧가루를 넣어서 간한다.

5 ④는 먹기에 알맞은 크기로 둥글게 완자를 빚는다.

6 빚은 완자는 먼저 밀가루를 바르고 달걀 푼 것을 씌운 다음 빵가루를 고루 묻힌다.

7 180℃의 기름에 ⑥의 완자를 넣어서 노릇하게 튀겨낸다.

Cooking Tip

밥, 두부, 쇠고기를 섞은 다음 먼저 간을 하고 둥글게 완자를 빚는다. 밀가루, 달걀 푼 것, 빵가루 순으로 튀김옷을 입혀 노릇하게 튀겨낸다.

두부소박이튀김 _ 4인분

재료와 분량
두부 1모
마른 표고버섯 4개
양파 1/2개
밀가루 · 샐러드유 약간씩

ⓐ 양념
간장 1큰술
다진 파 1/2큰술
다진 마늘 1작은술
참기름 1큰술
깨소금 1작은술
설탕 1작은술, 후춧가루 약간

ⓑ 양념
밀가루 1컵, 달걀 1개,
물 3/4컵

이렇게 만들어요

1 두부는 2cm 두께, 3cm 길이로 썬다. 두부 중간에 칼집을 넣어서 소금을 뿌려 두었다가 물기를 닦는다.

2 표고버섯은 미지근한 물에 불려두었다가 물기를 꼭 짠 다음 다진다.

3 양파는 곱게 다진다.

4 ②의 버섯에 ⓐ를 넣어서 양념한다.

5 프라이팬에 기름을 두르고 양파를 볶다가 ④를 넣어서 다시 잘 볶는다.

6 ①의 두부 속에 밀가루를 고루 바르고, 속에 ⑤의 소를 넣은 다음 다시 두부 겉면에 밀가루를 고루 바른다.

7 볼에 ⓑ를 넣어서 잘 섞어 반죽한다.

8 ⑥에 ⑦의 반죽을 묻힌 후 프라이팬에 기름을 넉넉히 두르고 노릇하게 튀겨낸다.

1 찌개용 두부를 준비하여 2cm 두께, 3cm 길이로 썬 후 중간에 칼집을 넣는다. 소금을 뿌려 두었다가 키친타월로 꼭꼭 눌러 물기를 닦는다. **2** 물기를 제거한 두부에 칼집을 낸 후 밀가루를 고루 펴 발라 소가 조리 도중에 빠져나오지 않도록 한다. **3** 준비한 소를 두부 속에 넣고 겉면에 밀가루를 고루 펴 바르면 소박이가 완성된다.

두부야채조림 _ 4인분

재료와 분량
두부 1모
밀가루 · 샐러드유 약간씩
양파 1개
당근 1/2개
통깨 약간

ⓐ 양념
간장 3큰술, 고춧가루 1큰술
청주 1큰술, 다진 마늘 1/2큰술
다진 파 1큰술, 물엿 1/2큰술
참기름 1큰술, 물 1/2컵

이렇게 만들어요

1 면보에 싼 두부를 도마로 눌러둔 다음 물기를 빼서 길이 1cm, 두께 3cm 크기로 썬다.

2 양파와 당근은 채를 썰어서 준비한다.

3 ①의 두부에 소금을 뿌려서 밑간을 한 후 밀가루를 고루 묻힌다.

4 프라이팬에 기름을 두르고 ③의 두부를 넣어서 노릇하게 지져낸다.

5 ⓐ의 양념을 넣어서 잘 섞는다.

6 팬에 기름을 두르고 당근과 양파를 넣어서 잘 볶다가 ⑤를 넣고 끓인다.

7 ⑥이 끓으면 지져둔 두부를 넣어서 조린다.

8 국물을 자작하게 조린 후 그릇에 담고 깨를 뿌린다.

두부야채전 _ 4인분

재료와 분량

두부 1/3모
당근 50g
피망 50g
양파 50g
표고버섯 2개
밀가루 1큰술
달걀 1개
소금 · 후춧가루 약간씩

이렇게 만들어요

1 0.5cm 정도의 두께로 썬 두부에서 물이 나오면 키친타월로 닦아내고, 소금과 후춧가루로 간한다.

2 당근, 피망, 양파, 표고버섯은 잘게 다진다.

3 달걀을 풀어서 ②를 넣고 섞는다.

4 ①의 두부에 밀가루를 묻히고 ③에 담갔다가 팬에 노릇하게 지진다.

두부쑥갓고추장 양념무침
_ 4인분

재료와 분량
두부 1모
쑥갓 50g
대파 10cm

ⓐ 양념
고추장 · 간장 2작은술
깨소금 1큰술
참기름 2큰술
식초 · 다진 마늘 1작은술씩

이렇게 만들어요
1 두부는 깨끗하게 씻어서 물기를 뺀 다음 한 입 크기로 납작하게 썬다.

2 쑥갓은 줄기를 잘라낸 다음 5cm 길이로 뜯어 준비하고, 대파는 껍질을 벗겨 씻은 뒤 5cm 길이로 채 썬다. 각각 찬물에 담가 싱싱함을 유지시킨다.

3 볼에 ⓐ의 양념을 넣고 골고루 섞는다.

4 ③에 두부를 넣고 살살 섞은 뒤 물기를 뺀 야채를 함께 넣고 골고루 무쳐낸다.

두부피망깨소태 _ 4인분

재료와 분량

두부 1모
피망 2개
깨소금 3큰술
참기름 1큰술
소금·후춧가루 약간씩

ⓐ 양념
간장 1큰술
맛술 1½큰술
물 4큰술

이렇게 만들어요

1 두부는 깨끗한 가제에 싼 다음 도마로 20분 정도 눌러 물기를 뺀다.

2 ①의 두부는 1cm 두께, 2~3cm 길이로 썬다.

3 피망은 꼭지를 떼어낸 후 반으로 갈라 씨를 털어낸 다음 먹기 좋게 한 입 크기로 썬다.

4 프라이팬에 기름을 두른 후 준비한 두부를 넣어 노릇하게 굽는다.

5 프라이팬에 참기름을 두른 뒤 피망을 넣어 볶다가 소금으로 간하고, ④ 의 두부와 ⓐ의 양념을 넣고 잘 섞어가며 볶는다.

6 ⑤에 깨소금과 후춧가루를 넣어 잘 볶아 완성한다.

카레두부조림
_ 4인분

재료와 분량

두부 1모
쇠고기 다진 것 100g
애느타리버섯 100g
실파 3줄기
물 1컵
카레가루 1½작은술
녹말물
(녹말가루 1/2큰술, 물 1/2큰술)
설탕 1큰술
간장 1½큰술
소금 약간

이렇게 만들어요

1 두부는 키친타월에 싸서 내열용기에 담고 전자레인지에서 3분 정도를 가열하여 물기를 뺀다.

2 애느타리버섯은 밑동을 잘라내고 가닥가닥 뜯어서 준비한다.

3 ①의 두부를 먹기 좋게 한입 크기 3cm 각으로 썬다.

4 실파는 어슷하게 썰어서 준비한다.

5 기름 두른 냄비에 쇠고기 다진 것을 넣어 볶다가 카레가루를 넣어 고루 섞어가며 볶는다. 카레가루가 전체적으로 잘 섞이면 물을 부어 끓인다.

6 ⑤에 설탕과 소금과 간장을 넣고, 끓으면 버섯을 넣어 끓인다.

7 ⑥에 ③의 두부를 넣고 5분 정도 끓인 후 녹말물을 넣고 걸쭉해지도록 끓여 완성한다. 그릇에 담고 실파를 뿌려서 낸다.

Cooking Tip

카레두부조림은 쇠고기를 다져 기름에 볶아 조리한 것이므로 따뜻할 때 먹어야 제 맛이 난다.

아게다시도후 _ 4인분

재료와 분량

두부 1/2모
꽈리고추 4개,
녹말가루 약간
무 간 것 1/4컵
실파 3~4줄기
가쓰오부시 약간

ⓐ 소스

가쓰오부시 맛국물 2컵
간장 3큰술
맛술 4작은술
생강즙 1작은술

이렇게 만들어요

1 두부는 면보에 싸서 도마로 살짝 눌러두어 물기를 뺀다.

2 ①의 두부를 먹기 좋게 3cm 크기로 자른 후 녹말가루를 고루 묻힌다.

3 꽈리고추는 꼭지를 떼어내고 꼬치로 구멍을 몇 개 뚫어둔다.

4 180℃의 기름에 두부를 노릇하게 튀겨내고, 고추도 파랗게 살짝 튀겨서 준비한다.

5 냄비에 ⓐ의 재료를 넣고 끓여서 소스를 만든다.

6 그릇에 튀긴 두부와 튀긴 고추를 담고 무즙과 실파 송송 썬 것을 올린 후, 완성된 ⑤의 소스를 부어서 낸다. 가쓰오부시를 살짝 뿌려 먹어도 좋다.

1 두부는 면보에 싸서 도마로 살짝 눌러두어 물기를 뺀다. 2 손질한 꽈리고추는 꼬치로 구 멍을 몇 개 뚫어 준비한다.

두부목이버섯튀김 _ 4인분

재료와 분량

두부 2모
마 5cm
달걀 1개
말린 목이버섯 5개
튀김기름 · 덴다시 적당량
밀가루 1½큰술
녹말가루 1½큰술
소금 2/3작은술
덴다시 약간

이렇게 만들어요

1 냄비에 두부를 넣고, 두부가 잠길 정도로 물을 부어서 두부가 흔들릴 때까지 끓여 말랑하게 데친다.

2 ①의 두부를 건져서 식힌 후에 칼등으로 잘 으깬다.

3 ②를 면보에 싼 후 꼭 짜서 물기를 뺀다.

4 목이버섯은 물에 불려서 물기를 짜고 채 썬다.

5 마는 껍질을 벗겨서 강판에 간다.

6 볼에 두부를 넣고 마 간 것을 넣어서 잘 섞는다.

7 ⑥에 달걀과 밀가루, 녹말가루, 소금을 넣어서 잘 섞은 후에 채 썬 버섯을 넣고 섞는다.

8 ⑦의 반죽을 동글납작하게 빚는다.

9 170℃의 기름에 ⑧을 넣어서 노랗게 튀겨낸다.

10 덴다시를 뿌려서 먹거나 곁들여 담가 먹는다.

1 마는 껍질을 벗겨 강판에 갈아 준비한다. 2 으깬 두부와 갈아놓은 마에 달걀, 밀가루, 녹말가루, 소금 등을 넣어 고루 섞는다. 3 마지막에 물기를 제거한 목이버섯을 넣고 고루 섞은 후 완자 모양처럼 둥글게 빚어 노랗게 튀겨낸다.

중국식 연두부
_ 4인분

재료와 분량
연두부 400g
표고버섯 2개
청경채 50g
팽이버섯 1/2봉지
대파 1/2대
마늘 2톨
식용유 · 소금 약간씩

ⓐ **소스**
굴소스 · 간장 · 청주 1큰술씩
설탕 · 참기름 1큰술씩
물 2컵
녹말물(녹말 2큰술, 물 2큰술)

이렇게 만들어요

1 연두부는 끓는 물에 살짝 데친 뒤 4등분한다.

2 표고버섯은 굵게 채 썰고 팽이버섯은 밑동을 자른다. 파는 어슷썰기하고 마늘은 편으로 썬다.

3 청경채는 끓는 물에 데쳐 2cm 길이로 썬다.

4 뜨겁게 달궈진 팬에 식용유를 넣고 마늘을 볶다가 표고버섯과 청경채를 넣어 살짝 볶은 후 ⓐ의 소스 재료를 넣고 끓인다.

5 마지막으로 대파와 팽이버섯을 넣고 불을 끈다.

6 접시에 연두부를 담고 그 위에 ⑤를 부어 낸다.

Cooking Tip
연두부는 끓는 물에 살짝 데친 후 4등분하여 사용한다. 이때 포장째 데쳐내야 모양이 망가지지 않으며, 요리가 예쁘게 완성된다.

두부닭고기 완자튀김 _ 4인분

재료와 분량

닭고기 다진 것 70g
두부 2모
당근 50g
실파 5줄기
샐러드유 약간

ⓐ 양념

소금 1/4작은술
녹말가루 1큰술

이렇게 만들어요

1 두부는 깨끗한 가제에 싼 다음 도마로 눌러놓아 물기를 뺀다.

2 당근은 2cm 길이로 채 썰고, 실파는 껍질을 벗겨 씻은 뒤 송송 썬다.

3 도마에 수분을 제거한 두부를 올려놓고 칼등으로 잘 으깬다.

4 볼에 으깬 두부와 닭고기 다진 것, 당근, 실파를 함께 넣고 골고루 섞는다.

5 ④에 ⓐ의 양념을 넣고 다시 잘 섞어 12등분으로 나누어 둥글게 빚는다.

6 170℃의 기름에 ⑤를 넣어 색이 나도록 노릇하게 튀긴다.

7 식성에 따라 먹을 수 있도록 초간장을 곁들여 낸다.

손질과 보관

아이들 반찬으로 주로 하는 두부지짐은 약간 두툼하게 지져야 두부의 부드러운 맛을 즐길 수 있다. 지지기 전에 미리 소금을 뿌려서 속까지 간이 배게 하면 더 맛있는 요리를 만들 수 있다. 술안주로 인기있는 두부데침은 물에 넣고 오래 데치면 딱딱하게 굳어 맛이 없어진다. 이때 약 1%의 소금물에서 데치면 부드러운 두부가 된다. 너무 높은 온도에서 데치면 부서질 수 있으므로 90℃의 온도에서 짧은 시간 안에 데치는 것이 좋다. 찌개에 사용되는 연두부는 부드러워 찌개에 처음부터 넣고 끓이면 덩어리가 으깨져서 음식이 지저분해진다. 국물이 팔팔 끓었을 때 넣어 살짝만 익힌다.

포장이 되어 있지 않은 두부를 구입했을 경우, 구입한 다음날에는 깨끗한 물에 여러 번 씻어 사용하는 것이 좋다. 씻을 때는 두부가 망가지지 않도록 주의한다. 두부를 요리할 때 물기를 빼고 사용해야 요리가 질척해지거나 조미한 간이 싱거워지지 않는다. 두부의 물기를 뺄 때는 먼저 도마 위에 깨끗한 천으로 싼 두부를 올려놓는다. 그리고 그 위에 무겁고 평평한 것을 얹어서 누른다. 30분쯤 그대로 두면 적당히 물기가 빠진다.

두부의 종류

· · · 경두부(일반 두부)

응고제를 넣고 눌러 굳힌 두부로, 우리가 흔히 알고 있는 두부이다. 모양이 살아 있어 부침이나 찌개의 재료 등 여러 가지 음식에 많이 사용된다.

· · · 순두부

두부를 만들기 위해 두유를 응고시키면 순두부가 된다. 두부 만들기 과정 중 완전히 응고되기 전 상태에서 떼낸 것이다.

· · · 비지

두부를 만드는 과정에서 생기는 콩 찌꺼기가 바로 비지다. 단백질과 지방은 거의 두부로 옮겨갔지만 섬유소와 칼슘은 비지에 남아 있다. 섬유소는 특히 변비 예방에 좋다.

· · · 연두부

팩에 콩즙과 응고제를 넣고 그대로 가열하여 살균과 동시에 굳힌 것이 연두부다. 굳기는 경두부와 순두부의 중간 단계라 할 수 있다.

두부완자탕 _4인분

재료와 분량

두부 1/2모
새우살 50g
표고버섯 4개
죽순 50g
청경채 1개
팽이버섯 1/2봉지
녹말가루 1½큰술
청주 1큰술
국간장 1작은술
소금 · 후춧가루 약간씩
육수 2컵
참기름 1/2큰술

1 두부는 끓는 물에 살짝 데쳐 물기를 거두어 준비한다. 2~3 물기를 없앤 두부는 칼등으로 으깬 후 면보에 싸서 수분을 충분히 제거한다. 4 볼에 준비한 재료를 넣고 완자 반죽을 만든 후, 그릇 한 면에 반죽을 던지듯이 몇 차례 반복하여 점성이 생기도록 한다.

이렇게 만들어요

1 두부는 끓는 물에 살짝 데쳐서 물기를 뺀 다음 칼등으로 잘 으깬다.

2 ①의 두부를 면보에 싸서 수분을 완전히 뺀다.

3 새우는 소금물에 흔들어서 씻은 후 물기를 닦아서 다진다.

4 청경채와 팽이버섯은 3cm 길이로 썰고, 표고버섯은 기둥을 떼어내고 편으로 썬다.

5 죽순은 끓는 물에 데쳐서 찬물에 헹궈 물기를 뺀 후 빗살 모양으로 썬다.

6 볼에 두부와 새우살을 넣고 녹말가루를 잘 섞어 2cm 크기로 완자를 빚은 다음 끓는 물에 넣어서 삶아낸다.

7 냄비에 청주와 간장을 넣고 육수를 부어서 끓이다가 죽순과 표고버섯을 넣어서 끓인다.

8 ⑦에 청경채를 넣고 ⑥의 완자를 넣어서 끓이다가 소금과 후춧가루로 간을 한다.

9 ⑧에 팽이버섯을 넣은 다음 참기름을 넣어서 마무리한다.

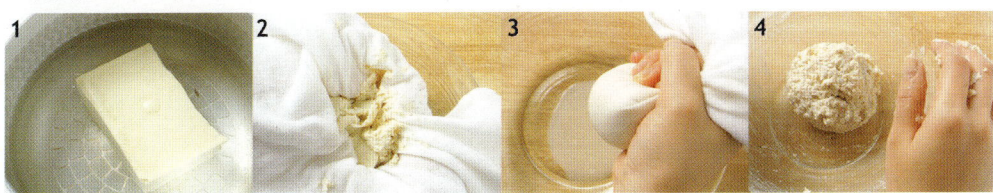

인삼소스 엎은 두부냉채

_ 4인분

재료와 분량

두부 1/2모
양송이버섯 3개,
무순 20g
소금 약간

인삼소스

인삼 100g
간장 1큰술
양파 1/4개
마늘 1쪽
흑설탕 1작은술
배 50g
소금 약간

이렇게 만들어요

1 두부는 4cm 크기, 1cm 두께로 잘라 소금을 솔솔 뿌려서 잰다.

2 양송이는 껍질을 벗기고 밑동을 잘라 4등분한다.

3 잡티를 없앤 무순은 물에 헹궈 물기를 뺀다.

4 믹서에 손질해 씻은 인삼과 간장, 양파, 마늘, 흑설탕, 껍질 벗긴 배 조각을 담고 소금 약간을 넣어 곱게 갈아 인삼소스를 만든다.

5 소금에 잰 두부의 물기를 없앤 후에 팬에 노릇하게 지져내고, 양송이도 넣어서 살짝 볶아낸다.

6 접시에 두부와 양송이, 무순을 켜켜이 담아 모양을 내고, 인삼소스를 뿌려 상에 낸다.

Cooking Tip

그릇에 담아낼 때 두부 켜켜이 인삼소스를 살짝 뿌린다. 모양이 완성된 후 다시 한 번 뿌려 상에 내면 인삼 소스의 풍미를 제대로 즐길 수 있다.

으깬 두부 김말이튀김 _ 4인분

재료와 분량

두부 1/2모
김 3장
당면 30g
부추 40g
참기름 1/2큰술
소금 · 달걀 흰자 약간씩
밀가루 1/4컵
튀김옷
(튀김가루 1컵, 얼음 8조각,
달걀 1개)

이렇게 만들어요

1 당면은 찬물에서 부드럽게 불린 다음 끓는 물에 데쳐 물기를 빼고 손가락 길이로 자른다.

2 부추는 2cm 길이로 썰고, 두부는 면보에 싸서 물기를 꼭 짠다.

3 김은 손으로 비벼 잡티를 없애고, 길이로 2등분한다.

4 볼에 으깬 두부를 담고 참기름과 소금으로 조물조물 무친다.

5 ④에 삶은 당면과 부추를 담고 소금간을 더해서 버무린다.

6 ③의 김을 도마에 올리고 ⑤의 으깬 두부 무침을 가지런히 올려 돌돌 말아 가장자리에 달걀 흰자를 발라 아물린다.

7 ⑥의 으깬 두부 김말이에 밀가루를 골고루 묻힌 후 튀김옷을 분량의 재료대로 만들어 성글게 옷을 입히고 튀김온도 180℃에서 노릇하게 튀겨낸다.

1 김은 손으로 비벼 잡티를 없애고 길이로 2등분한다. **2** 김 위에 으깬 두부 무침을 얹고 돌돌 만 뒤 달걀흰자를 발라 아물린다.

두부표고버섯 볶음
_ 4인분

재료와 분량

두부 1/2모
닭고기 100g(생강즙, 맛술)
표고버섯 3개
양파 · 푸른 피망 · 붉은 피망
1/2개씩
소금 · 후춧가루 약간씩

소스

식용유 2큰술
마늘 2쪽
육수 1컵
간장 1큰술
설탕 약간
녹말가루 1큰술
물 2큰술

이렇게 만들어요

1 두부, 닭고기는 사방 2㎝ 크기로 썬다. 닭고기는 생강즙과 맛술에 재어놓는다.

2 양파, 피망, 불린 표고버섯은 넓적하게 자른다. 마늘은 편으로 썬다.

3 달군 팬에 기름을 두르고 ①의 닭고기를 볶다가 양파, 표고버섯, 두부 순으로 볶는다. 소금, 후추로 간한 뒤 피망을 넣는다.

4 달군 팬에 기름을 넣고 마늘을 볶은 뒤 육수에 간장 · 설탕을 넣고, 녹말물(녹말가루 1큰술, 물 2큰술)을 부어 소스를 만든 후 ③에 붓는다.

두부튀김조림 _ 4인분

재료와 분량
두부 1/2모
꽈리고추 70g
녹말가루 3큰술
식용유 약간
다진 마늘 1큰술
토마토케첩 2큰술
소금 · 흰후춧가루 약간씩

이렇게 만들어요

1 두부는 2cm 크기로 썰고 소금, 흰후춧가루를 뿌려 수분을 없앤다.

2 꽈리고추는 꼭지를 뗀 후 씻는다. 큰 것은 이등분한다.

3 ①의 두부에 녹말가루를 묻힌다.

4 열이 오른 팬에 기름을 넣고 두부를 살짝 튀긴다.

5 다시 팬에 기름을 두르고 다진 마늘을 넣어 볶다가 케첩을 넣고 볶는다.

6 ⑤를 볶다가 물을 부어 끓인다.

7 ⑥에 튀긴 두부와 꽈리고추를 함께 넣고 조린다.

8 먹음직스럽게 되었으면 그릇에 담아낸다.

두부장과

_ 4인분

재료와 분량

두부 200g
쇠고기 50g
(간장 1작은술, 다진 파 2작은술
다진 마늘 2작은술, 설탕 1작은술
참기름 2작은술, 깨소금 2작은술
후춧가루 약간)
소금 약간
녹두 녹말 3큰술
식용유 약간
목이버섯 20장
집간장 2큰술
설탕 1큰술

이렇게 만들어요

1 두부는 깨끗이 씻어 두께와 너비 1.2cm, 길이 4.5cm로 썬다.

2 두부에 소금을 뿌리고 녹두 녹말을 골고루 묻힌다.

3 기름을 넉넉히 두른 팬에 ②를 지진다.

4 쇠고기는 먹을 만한 크기로 채 썰어 분량의 양념을 넣고 골고루 버무린다.

5 목이버섯은 깨끗이 다듬은 후 채 썰어 준비한다.

6 집간장에 물을 약간 섞어 ④와 ⑤를 함께 넣고 끓인다.

7 ⑥이 어느 정도 조려지면 두부를 넣어 몇 번 뒤적거린 후 불에서 내린다.

중국식 두부볶음
_ 4인분

재료와 분량

두부 1모
돼지고기 100g
(간장, 설탕, 생강즙 약간씩)
피망 1/2개
붉은 피망 1/2개
표고버섯 5장
양파 1/2개
녹말물(녹말가루 1큰술, 물 1큰술)

양념장

간장 1큰술, 설탕 1/2큰술
고추장 1큰술, 고춧가루 1큰술
다진 마늘 1큰술, 참기름 1/2큰술
조미료술 1큰술, 후춧가루 약간

이렇게 만들어요

1 두부는 깨끗이 씻어 사방 2cm 크기로 큼직하게 썬다.

2 돼지고기는 사방 1.5cm로 도톰하게 썬다.

3 ②에 간장, 설탕, 생강즙으로 양념한다.

4 피망과 붉은 피망은 깨끗이 씻어서 큼직하게 썬다.

5 양파는 껍질을 벗겨 큼직하게 썬다.

6 불린 표고버섯을 잘 다듬어서 2~4등분으로 자른다.

7 분량의 재료를 섞어서 양념장을 만든다.

8 기름을 두르고 달군 팬에 먼저 고기를 넣고 볶는다.

9 다음에 야채를 넣고 볶다가 양념장을 넣는다.

10 두부를 마지막에 넣고 녹말물을 부어준다.

두부뫼니에르

_ 4인분

재료와 분량

두부 2모
쥬키니 1개
토마토 1개
다진 파슬리 1큰술
백포도주 1/4큰술
소금 · 후춧가루 약간씩
밀가루 3큰술
샐러드유 약간
버터 1큰술

이렇게 만들어요

1 두부는 면보에 싸서 도마로 눌러두었다가 2cm 두께로 넓적하게 썬다.

2 ①의 두부에 소금과 후춧가루를 넣어서 밑간을 한 다음 밀가루를 묻힌다.

3 쥬키니는 반달 모양으로 얄팍하게 썰고, 토마토는 1cm 두께로 썬다.

4 프라이팬에 기름을 두르고 ②의 두부를 넣어서 노릇하게 굽는다.

5 ④의 두부 밑면이 익으면 뒤집고, 버터와 쥬키니와 토마토를 넣어서 함께 굽는다.

6 ⑤에 백포도주를 넣고 3분 정도 조리다가 소금과 후춧가루를 넣어 간한다.

7 그릇에 담고 파슬리 다진 것을 뿌려서 낸다.

1 두부는 물기를 없앤 다음 넓적하게 편으로 썰어 밑간을 한 후 밀가루를 묻힌다. 2 여분의 밀가루는 털어내고 앞뒤로 노릇하게 굽는다. 3 ②에 쥬키니와 버터를 넣고 볶듯이 굽는다.

야채두부찜
_ 4인분

재료와 분량
두부 1모
소금 · 후춧가루 약간씩
쇠고기 50g
팽이버섯 1봉지
표고버섯 4개
붉은 고추 1개
풋고추 1개
샐러드유 약간

쇠고기 양념
간장 1/2큰술, 설탕 1작은술
소금 · 후춧가루 약간씩
참기름 1/2큰술

양념장
고춧가루 1큰술,
다진 마늘 1작은술
간장 3큰술, 다진 대파 1큰술
깨소금 1작은술, 참기름 1큰술
후춧가루 약간

이렇게 만들어요

1 쇠고기는 채를 썰어서 쇠고기 양념을 넣어서 재어둔다.

2 두부는 1cm 두께로 넓적하게 썬다. 여기에 소금과 후춧가루를 뿌려서 재어두었다가 키친타월을 이용해서 물기를 닦는다.

3 프라이팬에 기름을 두르고 ②를 넣어서 노릇하게 지진다.

4 표고버섯은 기둥을 떼어내어 얄팍하게 썰고, 팽이버섯은 밑동을 잘라내어 가닥가닥 뜯어서 반으로 자른다.

5 붉은 고추와 풋고추는 반으로 잘라서 씨를 턴 후 채 썬다.

6 프라이팬에 기름을 두르고 쇠고기를 넣어서 잘 볶다가 버섯과 고추 썬 것을 넣고 볶는다. 여기에 소금과 후춧가루를 넣어서 간한다.

7 양념장 재료를 고루 섞어둔다.

8 접시에 두부를 깔고 양념장을 얹은 후 볶은 야채를 얹는다. 다시 두부를 얹은 다음 야채를 얹고, 그 위에 양념장을 얹는다.

9 김이 오른 찜통에 넣어서 5~10분 정도 찐다.

Cookin Tip
냉장고에 두부 한 모가 있다면? 그리고 야채실에 조각조각 남아 있는 야채가 있다면? 손님이 갑자기 들이닥쳐도 문제 없다. 두부를 먹기 좋은 크기로 썰고, 그 위에 준비된 야채를 얹고, 양념장을 뿌린 후 찜통에 쪄내면 근사한 두부찜이 완성된다.

두 부 이 야 기 | **3** 영 양

콩의 영양은 살리고, 소화 흡수율은 높인
최우수 가공 식품

두부는 콩으로 만든다. 콩은 밭에서 나는 고기라 불릴 만큼 단백질 급원이며 중요한 영양소다. 이런 콩의 영양은 살리고, 소화 흡수율은 높인 가공 식품이 두부다.

단백질 … 두부의 원재료인 콩은 각종 필수 아미노산이 함유된 질 좋은 단백질 급원이다. 동물성 단백질 식품과 달리 포화지방산이나 콜레스테롤이 전혀 들어 있지 않다.

식이섬유 … 콜레스테롤의 배설을 촉진하고, 장 기능을 개선하며, 당뇨 환자의 혈당 상승과 인슐린 분비를 억제하는 기능이 있다.

이소플라본 … 식물성 에스트로겐이라 할 수 있는 이소플라본은 에스트로겐이 부족할 때는 에스트로겐 성질을 보이지만, 과다할 경우에는 성질을 억제한다. 따라서 폐경기 여성에게 갱년기 증상과 폐경에 따른 질환 개선에 도움을 주며, 유방암과 난소암을 예방하는 역할도 한다.

인지질 … 필수 지방산을 비롯한 여러 불포화 지방산을 많이 함유하고 있는데, 특히 리놀레산은 동물성 지방의 과잉섭취로 인해 높아진 콜레스테롤 수치를 낮춘다.

레시틴 … 인지질의 한 종류인 레시틴은 강한 유화작용으로 콜레스테롤을 녹여 동맥경화를 방지하며, 지방간 예방, 천연 항산화제의 역할도 한다.

비타민과 무기질 … 복합 비타민 B류와 비타민 E(토코페롤) 등이 함유되어 있다. 쌀밥과 함께 콩을 섭취하면 부족한 티아민(비타민 B류)을 보충할 수 있다. 비타민 E는 지방질의 산화를 방지해 동맥경화와 같은 성인병을 예방하고 노화를 방지한다. 또한 콩은 알칼리성 식품으로, 칼슘과 철분을 비롯해 칼륨·나트륨·마그네슘·황·인산 등이 많이 함유되어 있다.

콜레스테롤 0%, 온 국민의 건강 식품

두부는 영양소와 소화율이 좋아 노인 · 어린이 · 임신부에게 좋으며, 여성에게는 건강한 아름다움을 준다. 또한 남성에게는 성인병 예방에 도움을 주는 등 온 국민의 건강 식품이라 할 수 있다.

어린이와 노인에게 특히 좋은 식품

두부는 소화 흡수율이 95% 이상으로 소화기능이 떨어지는 환자나 어린이, 노약자에게 가장 적합한 식품이라 할 수 있다. 두부의 이소플라본(Isoflavone)은 골다공증을 예방하고, 인지질은 뇌기능의 향상과 노인성 치매를 방지하는 등으로 두부는 노인식으로서 중요한 역할을 한다.

또한 두부는 수분 함량이 80% 이상인 식품으로 수분 섭취를 보조해 주는 역할을 한다. 유아, 어린이, 노인의 경우 성인에 비해 단위 체중당 더 많은 양의 수분을 섭취해야 하는데, 특히 유아의 경우 갈증을 스스로 표현하지 못하므로 수분 섭취가 부족해지지 않도록 신경 써야 한다. 따라서 유아식이나 노인식에 두부를 이용하게 되면 수분과 함께 영양 보충까지 가능해 일석이조의 효과를 거둘 수 있다.

임신부에게 이상적인 식품

임신했을 때의 하루 열량 권장량은 임신하지 않았을 때(2,000kcal)에 비해 임신 전반기(2,150kcal) · 임신 후반기(2,350kcal) · 수유기(2,400kcal) 순으로 높아지고, 하루 단백질 권장량은 비임신기(55g)에 비해 임신기(70g) · 수유기(75g)가 높다.

특히 임신했을 때 단백질의 섭취가 중요한 이유는 태아의 발육성장에 다량의 단백질이 필요하기 때문이다. 단백질이 부족한 경우, 임신중독증이 일어나거나 미숙아를 출산할 수 있다. 임신 중에는 입덧이 심하므로 소화하기 쉽고 영양가가 높은 음식을 조금씩 여러 번 나누어 먹는 것이 좋은데, 이런 점에서도 소화율이 95% 이상 되는 두부는 임신부에게 매우 이상적인 식품으로 인정받고 있다.

당뇨병의 치료와 예방

성인병의 대명사인 당뇨병은 우리 주위에서 흔히 볼 수 있는 만성 질환이다. 당뇨병의 관리는 식이요법이 무엇보다 중요한데, 식사를 규칙적인 시간대에 골고루 알맞은 양으로 하고, 당을 많이 함유한 음식을 피하며 정상체중을 유지하도록 해야 한다.

당뇨병의 식이요법에도 두부가 많이 이용되는데, 두부 자체가 양질의 단백질과 칼슘의 급원이고 저칼로리 식품이기 때문이다. 단백질 섭취가 중요하지만 고기 섭취로 인한 콜레스테롤 증가로 합병증이 우려되므로, 두부는 당뇨병 환자들에게 적극 권할 만한 식품이다.

혈압 · 콜레스테롤 수치 저하

두부의 단백질은 혈액 중의 콜레스테롤 수치를 떨어뜨리고 그 성분의 하나가 혈압 상승을 억제한다고 알려져 있다. 또한 두부의 리놀레산은 동물성 지방과는 다른 불포화지방산으로 콜레스테롤을 함유하지 않으며, 혈관에 부착된 콜레스테롤을 제거하는 작용도 있다고 한다. 따라서 고혈압이나 콜레스테롤이 원인이 되는 동맥경화를 방지하여 뇌출혈 · 심근경색 · 협심

증 등의 예방에 효과가 있다고 한다.

고혈압의 식이요법으로는 염분의 섭취를 제한하고, 칼슘과 섬유소를 많이 섭취하며, 특히 동물성 지방과 콜레스테롤을 피해야 한다. 두부는 저염 식품으로 식사 중의 염분 섭취량을 조절하기에 적합한 음식이므로, 고혈압 환자의 식이요법에 아주 이상적인 역할을 한다고 볼 수 있다.

골다공증 · 동맥경화에 효과

두부에 들어 있는 이소플라본은 여성호르몬인 에스트로겐과 같은 활동을 한다고 해서 식물 에스트로겐으로 불리고 있다. 따라서 갱년기에 여성호르몬의 감소로 인해 일어나는 고혈압, 콜레스테롤의 억제, 순

환기 질환의 위험을 완화시키는 효과가 기대된다.
골다공증이란 뼈를 생성하는 세포는 감소하고, 뼈를
파괴시키는 세포가 활성화되어 초래되는 질환이다.
대개 35~50세 사이에 시작되어 서서히 진행되는데,
여성들은 갱년기가 되면서 여성호르몬의 부족으로
뼈에서 점차 칼슘이 빠져 나가 65세 이상이 되었을
때 특히 많이 나타나게 된다.
골다공증을 예방하기 위해서는 적절한 양의 칼슘을
섭취해야 하는데, 두부는 칼슘뿐 아니라 골다공증 예
방 효과가 있는 이소플라본을 함유하고 있어 매우 이
상적인 식품이라 할 수 있다.

장내에 유용한 비피더스균 증식

비피더스균은 장내의 해로운 균과 노화와 병의 원인
이 되는 균의 증식을 억제하는 이외에 장의 운동을 활
발히 하며, 면역력을 향상시키고 발암성 물질을 분해
하는 등 유용한 일을 많이 하는 균으로 알려져 있다.
두부의 단맛을 나타내는 당질인 올리고당은 이 비피
더스균의 먹이가 된다. 두부를 먹는다는 것은 함유된
올리고당에 의해 비피더스균을 증식시켜 우리 몸에
이로운 작용을 하도록 돕는 것이다.

이상적인 다이어트 식품

두부는 저칼로리이면서 단백질이 풍부하기 때문에 기
력을 떨어뜨리지 않고 건강하게 다이어트를 하고 싶
은 사람에게 적당한 식품이다. 또한 단백질과 지방 흡
수율이 높아 몸에 꼭 필요한 이 두 가지 영양소를 적
은 양으로 해결할 수 있다. 두부의 칼슘은 뼈를 튼튼
하게 해줄 뿐 아니라 긴장을 풀어주는 역할도 하기 때
문에 다이어트 스트레스를 이겨내는 데 도움이 된다.
두부 다이어트를 할 때는 되도록 생으로 먹는 것이
좋다. 하루 중 한 끼만 두부로 대신하고 나머지 두 끼
는 평소대로 식사하는데, 열량이 다 소비되지 못하고
체지방으로 남기 쉬운 저녁식사를 두부로 하는 것이
가장 효과적이다.
한 끼 먹는 두부의 양은 반 모(204g, 160kcal)에서 한
모 정도가 적당하며 여러 가지 종류의 두부를 바꿔가
면서 먹으면 쉽게 질리지 않는다. 두부를 살짝 데쳐
서 양념장을 조금 찍어 먹거나, 해조류 또는 야채와
섞어 샐러드를 만들어 먹어도 괜찮다.
무리하지 않고 서서히 감량하고 싶다면 두부를 간식
으로 먹는다. 두부는 포만감을 주기 때문에 식사량을
줄일 수 있다.

다시마두부말이

_ 4인분

재료와 분량

다시마 40cm
두부 150g
다진 파 1작은술
부추 5줄기
표고버섯 2개
소금 · 참기름 · 깨소금 ·
흰후춧가루 · 식용유 ·
당근 약간씩

초고추장

고추장 1큰술
설탕 1큰술
식초 1큰술
생강즙 1/2작은술

이렇게 만들어요

1 다시마는 끓는 물에 부드럽게 데친 후 냉수에 담갔다 건져서 수분을 제거하고 길이 8cm, 넓이 5cm로 자른다. 두부는 으깬 후 면 헝겊에 꼭 짜서 물기를 제거한다.

2 당근은 2cm 길이로 채 썰어서 팬에 기름을 살짝 두른 다음 소금 약간을 뿌려 볶아낸다.

3 부추는 2cm 길이로 자르고, 표고버섯은 따뜻한 물에 불린 후 기둥을 떼어내고 2cm 길이로 채 썰어 간장과 설탕으로 양념하여 팬에 볶는다.

4 ①의 으깬 두부에 소금, 참기름, 깨소금, 다진 파, 흰후춧가루를 넣어 양념한다. 당근, 부추, 표고버섯을 넣어 다시 반죽한 후 지름 1.5cm, 길이 5cm 크기로 빚는다.

5 고추장 1큰술에 설탕, 식초, 생강즙을 넣고 고루 섞어 초고추장을 만든다.

6 다시마에 빚은 두부와 야채를 얹고 말아 이등분하여 초고추장을 곁들인다.

Cooking Tip

쌈무를 활용해도 좋다. 시중에서 쉽게 구입할 수 있는 쌈무는 깻잎, 녹차, 레몬 등을 혼합해 만들어서 맛과 색이 다양해 화려한 상차림에 제격이다. 초고추장 대신 땅콩소스를 곁들여도 별미다.

두부달걀찜 _ 4인분

재료와 분량

두부 1모
달걀 1/2개
멸치 장국 2큰술
양파 1/2개
풋고추 1개
마늘 2쪽
파 1/2뿌리
새우젓 1큰술
참기름 1작은술
실고추 약간
소금 · 후춧가루 약간씩

이렇게 만들어요

1 두부는 칼등으로 곱게 으깨어 물기를 꼭 짠다.

2 양파와 풋고추, 마늘, 파는 곱게 다진다.

3 으깬 두부에 장국과 다진 양파, 풋고추, 마늘, 파를 넣고 달걀을 풀어 섞는다.

4 두부, 달걀 섞은 것에 새우젓을 넣어 간한 후 그릇에 담는다.

5 찜통에 김을 올려 뭉근한 불에서 은근하게 찐다.

6 실고추를 짧게 끊어 고명으로 얹고, 참기름을 넣어 고소한 맛을 낸 후 불을 약하게 줄이고 뚜껑을 덮어 고루 뜸을 들인다.

Cooking Tip

달걀찜을 할 때 우유를 조금 넣으면 한결 부드러운 맛을 낼 수 있다. 설탕도 살짝 넣으면 달걀 특유의 비린내를 없앨 수 있다.